Meine erste Zeichenschule

Ute Ludwigsen-Kaiser

Meine erste Zeichenschule

ENGLISCH

Autorin: Ute Ludwigsen-Kaiser
Produkt-Management und Lektorat: Tina Bungeroth
Layout und Litho: Michael Feuerer
Druck und Bindung: Himmer AG, Augsburg

ISBN: 978-3-86230-210-9
Art.-Nr. EN30210
1. Auflage 2011
© 2011 Christophorus Verlag GmbH & Co. KG, Freiburg
Alle Rechte vorbehalten

Ute Ludwigsen-Kaiser ist langjährige Dozentin für naturalistisches Zeichnen, Aquarell- und Pastellmalerei. Seit über 10 Jahren unterrichtet die Pädagogin an ihrer privaten Malschule Kinder im Zeichnen und Malen.

Besuchen Sie uns auf unserer Website: www.christophorus-verlag.de · www.englisch-verlag.de

Inhaltsverzeichnis

Hallo!

Mein Name ist Paul. Schön, Dich kennenzulernen. Ich finde es ganz toll, dass Du lernen willst, wie man zeichnet! Schau mich mal genau an. Fällt Dir was auf? Genau! Ich wurde gezeichnet, und zwar mit Buntstiften! Das war die Ute Ludwigsen-Kaiser, die dieses Buch geschrieben und die Bilder gezeichnet hat. Hier in diesem Buch möchte sie Dir zeigen, wie man noch viele andere Sachen ganz einfach zeichnen kann, zum Beispiel Tiere, Häuser, Blumen und Bäume. Natürlich helfe ich ihr dabei – ist doch klar! Zeichnen ist deshalb gar nicht so schwer, wie es vielleicht aussieht, weil es die **Grundformen** gibt: Das sind Kreis, Quadrat und Dreieck. Mit ihrer Hilfe kann man fast alles zeichnen. Wie das geht, erklären Ute und ich Dir aber später, im ersten Kapitel. Danach geht es in jedem Kapitel um ein anderes Thema: Tiere, Häuser, Figuren, Blumen und Bäume, und natürlich auch Autos. Wir fangen dabei immer leicht an – das schaffst Du locker.

Und jetzt aber ran – denn Zeichnen macht wirklich unheimlich viel Spaß!

Dein Paul

Jetzt geht's los!

Zeichnen oder Malen?

Kennst Du den Unterschied zwischen Zeichnen und Malen? Pass auf, ich zeig es Dir:

Wenn man **zeichnet**, benutzt man einen **Stift**. Das kann z. B. ein Bleistift, aber auch ein Buntstift oder ein Kreidestift sein.

Mit einem Stift kann man **Linien** ziehen, aber auch **Flächen** ausmalen, indem man die Linien ganz eng nebeneinander setzt, sodass kein weißes Papier zwischen den Linien zu sehen ist.

Beim **Malen** benutzt Du einen Pinsel und flüssige Farbe, z. B. Acrylfarben, die schon flüssig sind, oder Wasserfarben, die Du erst mit Wasser anlösen musst.

Mit einem Pinsel kannst Du auch **Linien** ziehen. Sie sehen jedoch anders aus, als wenn Du sie mit dem Stift zeichnest:

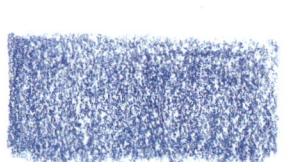

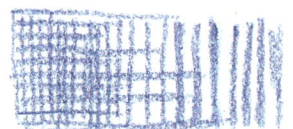

Man kann diese Flächen jedoch auch mit solchen Linien füllen: Das nennt man **Schraffieren**.

Eine Fläche malst Du mit einem gut mit Farbe gefüllten Pinsel einfach aus.

Zum Schluss zeige ich Dir zwei Bilder von mir. Das eine ist gezeichnet, das andere gemalt.

Jetzt kennst Du den Unterschied zwischen Zeichnen und Malen!

Paul, gezeichnet mit Buntstiften.

Paul, gemalt mit Wasserfarben.

Stifte und Papier

Zum Zeichnen braucht man natürlich Papier. Ein Zeichenblock ist sehr praktisch, aber einzelne Blätter sind auch gut. Am besten nimmst Du weißes Papier, weil man darauf Bleistift- und Buntstiftstriche am besten erkennen kann.

Dann brauchst Du einen oder zwei Bleistifte. Die gibt es in verschiedenen Härtegraden. H steht für *hart*, B für *weich* und HB für *mittel*. Für unsere Zeichnungen ist ein HB- oder ein B-Bleistift am besten geeignet.

Und für den Fall, dass Du Dich mal „verzeichnest", solltest Du immer ein Radiergummi zur Hand haben.

Außer mit Bleistift kann man auch noch mit anderen Stiften zeichnen. Buntstifte hast Du bestimmt schon zuhause. Damit gelingen schön feine Zeichnungen. Aber auch mit Wachsmalstiften kann man wunderbar zeichnen, allerdings werden die Striche damit breiter.

So, dann leg' Dir mal alles zurecht, damit wir anfangen können!

Grundformen – ohne geht's nicht!

Wie gemütlich! Ich habe ein schönes Plätzchen zum Ausruhen gefunden.

Ich sitze auf einem **Rechteck**, habe ein **Quadrat** im Rücken, kann den Kopf an ein **Dreieck** lehnen, das von einem **Oval** gestützt wird, und halte einen **Kreis** in den Händen.

Was das soll? Denk mal nach. Genau! Das sind die Grundformen, von denen ich Dir schon erzählt habe. Sie helfen Dir, Dinge einzuteilen und richtig zu zeichnen. Am besten nimmst Du Deinen Stift zur Hand und zeichnest die Grundformen nach, dann fallen sie Dir später leichter.

Schon aus einer Grundform lässt sich etwas zeichnen! So wird zum Beispiel aus einem Kreis ganz schnell eine Sonne oder ein Ball und aus einem Halbkreis ein Mond oder ein Regenbogen.

Und schau mal, was man aus den anderen Grundformen machen kann:

Ein Osterei entsteht aus einem **Oval**, ein Würfel aus einem **Quadrat**. Um ein Fenster zu zeichnen, brauchst Du ein **Rechteck** (also ein etwas längeres Quadrat) und für einen Zaun **viele Rechtecke**, die aneinander gezeichnet werden.

Manchmal kann man eine Sache mit einer einzigen Grundform nicht erfassen. Dann braucht man **zwei verschiedene Grundformen**, die man zusammensetzt. So kannst Du z.B. aus einem ganz langen Rechteck und einem Dreieck einen Buntstift zeichnen. Setze die Formen zusammen – und schon kannst Du den Stift erkennen!

Ein Fliegenpilz entsteht aus einem **Halbkreis** für den Kopf und einem **Rechteck** – das ist der Stiel. Mit vielen **Kreisen** malst Du noch die Fliegenpilz-Punkte auf. Jetzt noch ausmalen – fertig!

Einen **Apfel** zeichnet man aus einem **Kreis**. Der Stiel sieht aus wie ein kleines **Rechteck**. Darunter kommt ein kleiner Bogen, um die Stielmulde anzudeuten. Dann schraffierst Du den Apfel noch in Grün oder Rot.

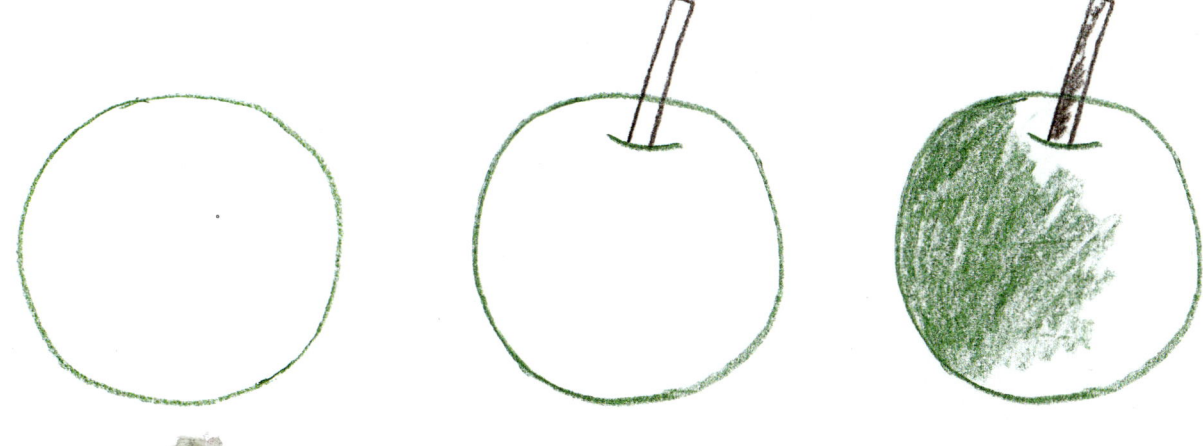

11

Hast Du schon einmal ein echtes **Indianerzelt** gesehen? Manchmal nennt man es auch Tipi oder Wigwam. So eins zu zeichnen ist gar nicht so schwer!

Noch viel schöner sieht es aus, wenn Du es bunt anmalst.

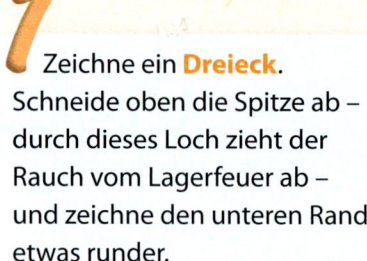

1 Zeichne ein **Dreieck**. Schneide oben die Spitze ab – durch dieses Loch zieht der Rauch vom Lagerfeuer ab – und zeichne den unteren Rand etwas runder.

2 Unser Zelt braucht einen Eingang. Oben aus dem Rauchabzugsloch schauen die langen Zeltstangen hervor.

3 Ich habe mein Zelt mit einer bunten Borte verziert. Lass Dir doch ein eigenes Muster einfallen!

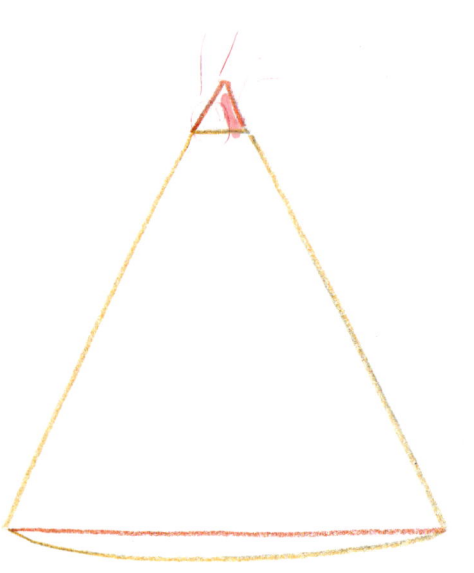

Ja, ich weiß, ich sehe so schön kuschelig aus. Aber ob Du's glaubst oder nicht, ich kann ohne meinen Teddy nicht einschlafen. Geht's Dir auch so?

Noch viel schöner sieht der Teddy aus, wenn er bunt schraffiert worden ist.

1 Ein **Kreis** und ein **Oval** werden so an-einander gezeichnet, wie Du es im Bild siehst. Sie überschnei-den sich ein wenig.

2 Arme und Beine sind **Ovale**. Sie über-schneiden sich etwas mit dem Körper. Für die Ohren brauchst Du kleine **Halbkreise**.

3 Auch die Nase ist fast ein **Kreis**. Die rot gestrichelten Linien zeigen Dir, wo Du die Linien wegradieren kannst.

4 Die Augen sind zwei schwarze **Punkte**. Für die Nase brauchst Du ein **Dreieck** und für den Mund zwei kleine gebogene Linien.

13

Lass uns zeichnen!

Marienkäfer & Co. – Tiere

So, jetzt hast Du das mit den Grundformen verstanden. Dann kann ich Dir ja einige meiner Freunde vorstellen. Die freuen sich nämlich sehr, wenn man sie malt! Dabei helfen uns wieder die Grundformen. Wir fangen ganz einfach an. Stell Dir vor, ein *Marienkäfer* setzt sich auf Deinen Finger.

1 Sieh Dir den Marienkäfer genau an, dann erkennst Du bestimmt sofort, welche Grundform Du brauchst: Richtig gesehen – ein **Oval**!

2 Ziehe in die obere Spitze des Ovals eine quer verlaufende gebogene Linie. Zwei nach unten verlaufende gebogene rote Linien bilden die Flügel.

3 Nun fehlen unserem Käfer nur noch die Kreise für die Punkte und die beiden Fühler. Hübsch, oder? Und jetzt viel Spaß beim Ausmalen!

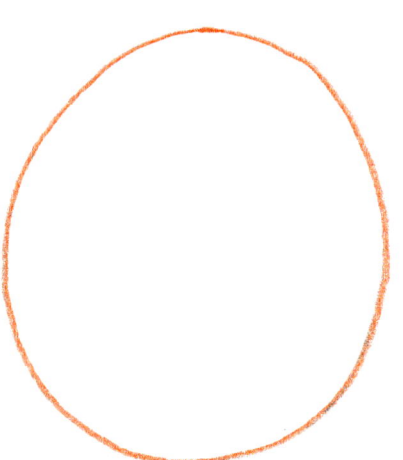

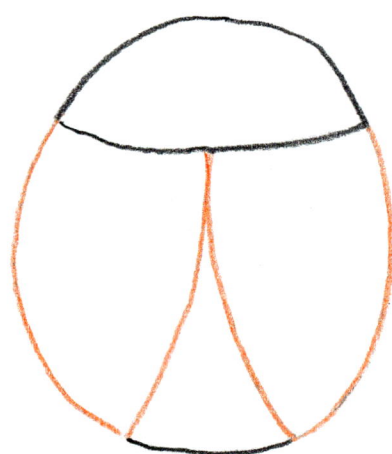

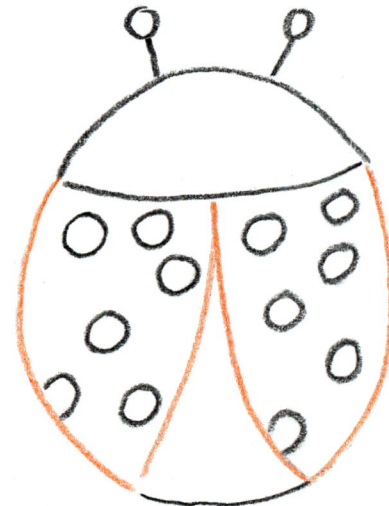

*Die **Eule** ist wieder einmal die ganze Nacht umhergeflogen. Jetzt ist sie sehr müde, und wir können sie in aller Ruhe zeichnen.*

1 Genau wie beim Marienkäfer brauchen wir zuerst ein **Oval**, diesmal aber länger und schmaler. Für die Flügel zeichnest Du an die linke und rechte Seite des Ovals eine gebogene Linie.

2 Die Augen sind zwei kleine **Ovale**, die Nase ist ein kleines **Dreieck**. Durch den unteren Teil des Ovals ziehst Du zwei gerade Linien – das ist der Ast, auf dem die Eule sitzt.

3 Die Ohren entstehen aus zwei gebogenen **Dreiecken**. Für die Füße brauchst Du kleine **Ovale**. Zwei kleine gebogene Linien durch die Augen stellen die Augenlider dar.

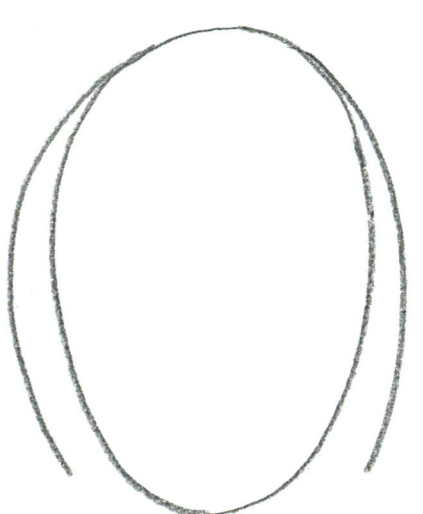

Im Garten habe ich einen **Igel** entdeckt. Er läuft zwar langsam davon, aber die Zeit reicht, um ihn zu beobachten. Was fällt Dir dabei auf? Stimmt! Den Igel kann man mithilfe eines **Ovals** ganz einfach zeichnen.

1 Zuerst zeichnest Du ein Oval. Daran setzt Du ein kleines Dreieck für den Kopf. Die Igelform ist jetzt schon deutlich zu erkennen!

2 In das Dreieck zeichnest Du Auge, Nase, Mund und Ohr. Dann kriegt der Igel noch die kleinen Füße und die Barthaare.

Zuletzt zeichnest Du noch mit einem dunkelbraunen Buntstift die Stacheln ein.

Hast Du eine **Schildkröte** zu Hause?
Die kannst Du jetzt auch zeichnen! Sieh Dir mal
ihren Rücken von der Seite an. Welche Grundform
könnte Dir helfen, ihn zu zeichnen?

1 Richtig! Die Grundform ist ein dickes **Oval**, das mit einer gebogenen Linie geteilt wird. Für den Panzer der Schildkröte brauchen wir nur den oberen Teil. Den Rest des Ovals kannst Du wegradieren.

2 Der Kopf sieht aus wie ein halbes Oval – genauso wie die Füße. Zeichne noch das Auge und den Mund ein. Zum Schluss ziehst Du die Linien für das Muster auf dem Rücken.

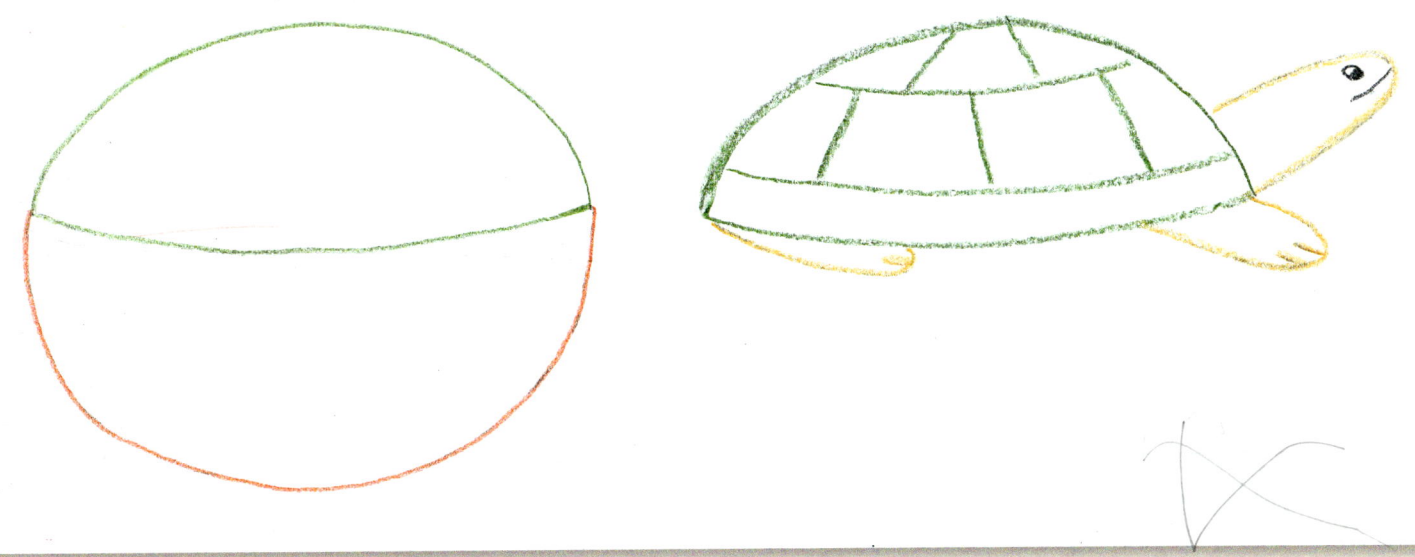

Diese Schildkröte sieht aber viel schöner aus, wenn Du sie mit Buntstiften anmalst.

Vielleicht hast Du ja schon darauf gewartet: Hier ist der **Schmetterling** vom Titelbild!

Jeder Schmetterling hat ein Muster! So sieht der Schmetterling in meinem Garten aus. Und Deiner?

1 Wir fangen ganz einfach an mit einem langen, schmalen **Oval**.

2 Anschließend zeichnest Du die oberen Flügel mit einfachen geraden Linien.

3 Achte darauf, dass die Flügel möglichst gleich sind! Das nennt man symmetrisch.

4 Genauso zeichnest du die unteren Flügel. Runde die Ecken ab, so wie Du es im Bild siehst.

5 Zum Schluss zeichnest Du die Fühler. Dafür brauchst Du zwei Linien, auf die kleine Kreise gesetzt werden.

Wie süß! Ein **Kaninchen**!
Und wie Du siehst, kann man es ganz einfach
zeichnen, nämlich aus vielen *Ovalen*.

1 Zuerst brauchen wir ein liegendes **Oval**. Daran zeichnest Du ein kleineres Oval für den Kopf.

2 Auch die Ohren bestehen aus **Ovalen**. Diesmal sind sie lang gestreckt und unten fehlt ein kleines Stück. Und aus welcher Grundform besteht wohl das Schwänzchen?

3 Nun kommen die Beine dran. Für das hintere Bein zeichnest Du eine gebogene Linie, fast wie eine schrägliegende 3. Das vordere Bein sieht aus wie ein halbes langes Oval.

4 Die kleine Nase ist ein **Dreieck**, die Grundform für die Augen ist wieder das **Oval**. Zum Schluss zeichnest Du noch Linien für die Barthaare – fertig!

Natürlich sieht das
Kaninchen in Farbe viel schöner
aus. Schraffiere es mit Bunt- oder
Wachsmalstiften aus. Mein Freund
Hoppel hier ist braun.

19

*Eine liegende **Katze** sieht immer so gemütlich aus!
Sie wird so ähnlich wie das Kaninchen gezeichnet.*

1 Der Körper ist ein liegendes **Oval**. Der Kopf ist ein **Kreis**, der zum Teil über den Körper gezeichnet wird.

2 Zwei kleine **Dreiecke** bilden die Ohren, und der Schwanz entsteht durch eine lange gebogene Linie.

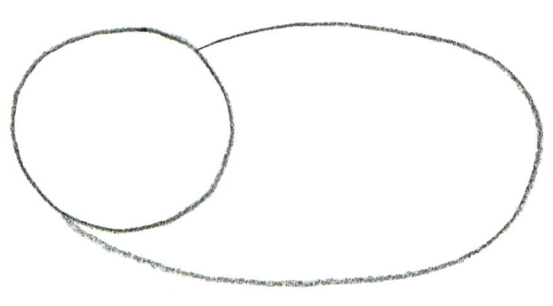

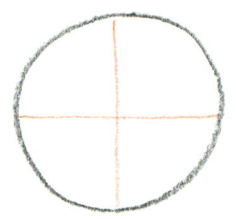
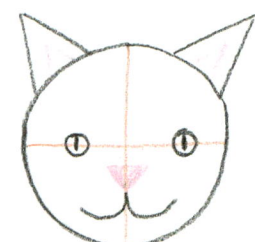

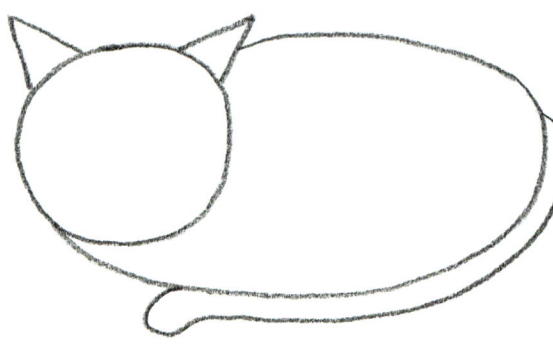

3 Für das Gesicht ziehst Du zuerst ein Kreuz durch den Kreis. Das soll Dir helfen die Augen, die Nase und den Mund an die richtige Stelle zu setzen. Durch die waagerechte Linie zeichnest Du die Augen. Auf die senkrechte Linie zeichnest Du das kleine Nasen-Dreieck und die gebogenen Linien für den Mund.

4 Radiere nun die Hilfslinien im Gesicht weg – und fertig ist die Katze.

*Aber Katzen sind ja selten so ganz weiß.
Zeichne Deiner Katze also noch ein Fell.
Meine hat schwarzes Fell mit weißen Flecken.
Und Deine?*

Jetzt steht die Katze vor Dir.
*Auch eine stehende **Katze** ist leicht zu zeichnen,*
wenn Du die Grundformen zu Hilfe nimmst.

Mit gezeichnetem
Fell sieht sie noch
viel schöner aus!

1 Für die Vorderbeine der Katze hilft Dir ein aufrecht stehendes **Rechteck.** Darüber zeichnest Du einen **Kreis** für den Kopf.

2 Teile das Rechteck in der unteren Hälfte durch eine senkrechte Linie und male die Seiten nach außen etwas runder.

3 Nun brauchst Du noch zwei **Dreiecke** für die Ohren und zwei **Halbkreise** für die Pfoten. Jetzt ist klar: Es wird eine Katze!

4 Das ist die fertige Katze.

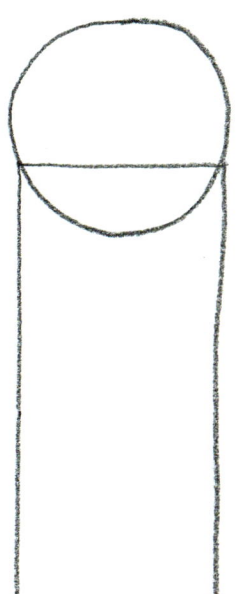
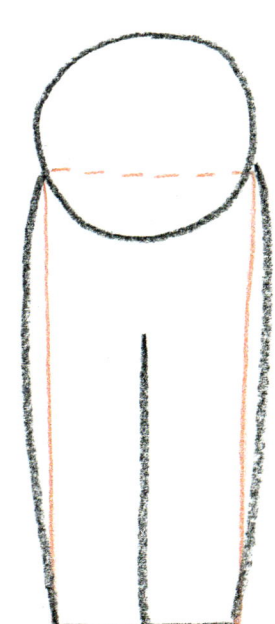

Natürlich sollen hier auch **Hunde** *nicht fehlen! Einen Hund zu zeichnen funktioniert so ähnlich wie die Katze.*

1 Die Grundformen sind genau wie bei der Katze ein **Rechteck** und ein **Kreis.** Für die Ohren brauchst Du kleine **Rechtecke**, die seitlich an den Kreis gezeichnet werden.

2 Hast Du schon mal einen eckigen Hund gesehen? Ich auch nicht. Benutze also die eckigen Formen als Orientierung und zeichne alle Ecken rund. Die eckigen Hilfslinien radierst Du weg.

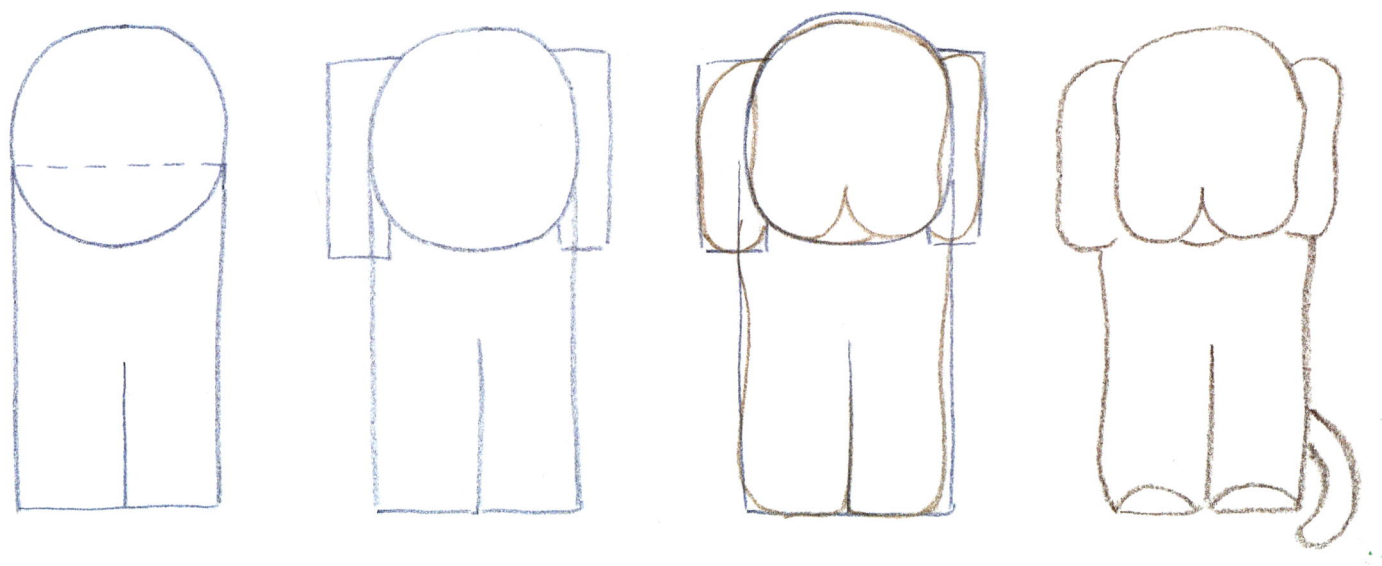

Sein Fell kann braun sein oder schwarz – das überlasse ich Dir!

3 Den Kopf zeige ich Dir in Vergrößerung: Auch hier zeichnest Du ein Kreuz aus Hilfslinien durch die Kopfform. Sie helfen Dir dabei, die Augen und die Nase an die richtigen Stellen zu setzen.

4 Der kleine Hund ist fertig. Ist er nicht süß?

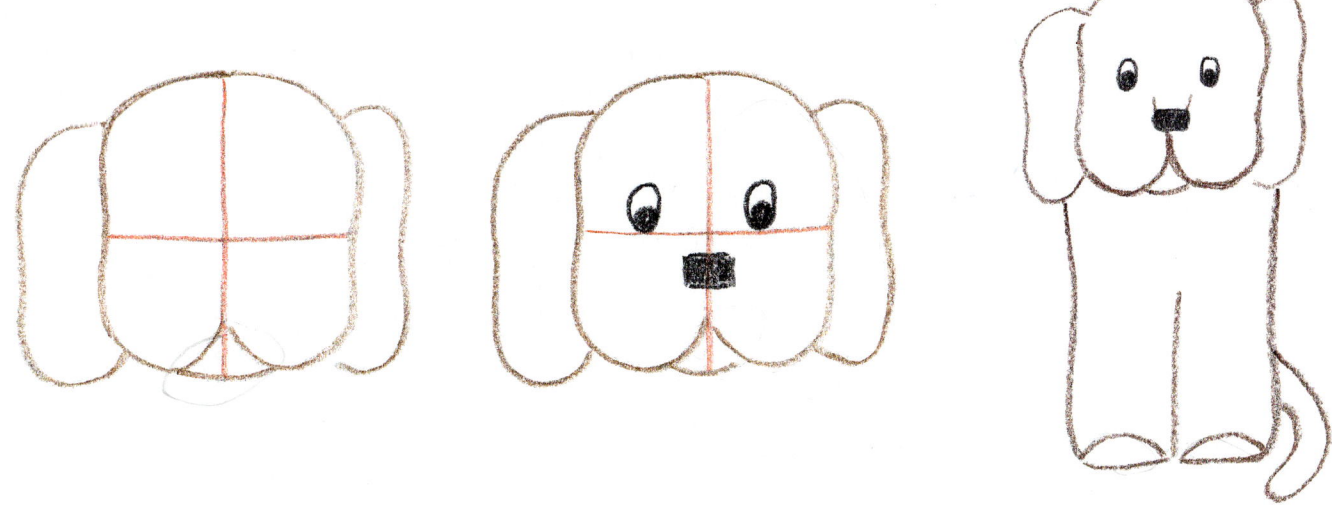

*Hast Du schon einmal echte Elefanten im Zoo gesehen? Auch ein **Elefant** ist gar nicht schwer zu zeichnen.*

Damit Dein Elefant auch schön elefantengrau wird, schraffierst Du ihn mit einem Bleistift oder einem grauen Buntstift.

1 Hättest Du gedacht, dass man einen Elefanten fast genauso beginnt wie eine Katze oder einen Hund? Nur die Kopfform ist anders: Es ist ein **Oval**.

2 An dieses Oval zeichnest Du den Rüssel. Für die Füße und Zehen zeichnest Du zwei kleine **Halbkreise** unten in die Beine.

3 Die Grundform für die großen Ohren sind zwei **Rechtecke**. Darin zeichnest Du die abgerundeten Ohren. Zum Schluss radierst Du Deine Hilfslinien weg – fertig ist Deine Elefantenzeichnung.

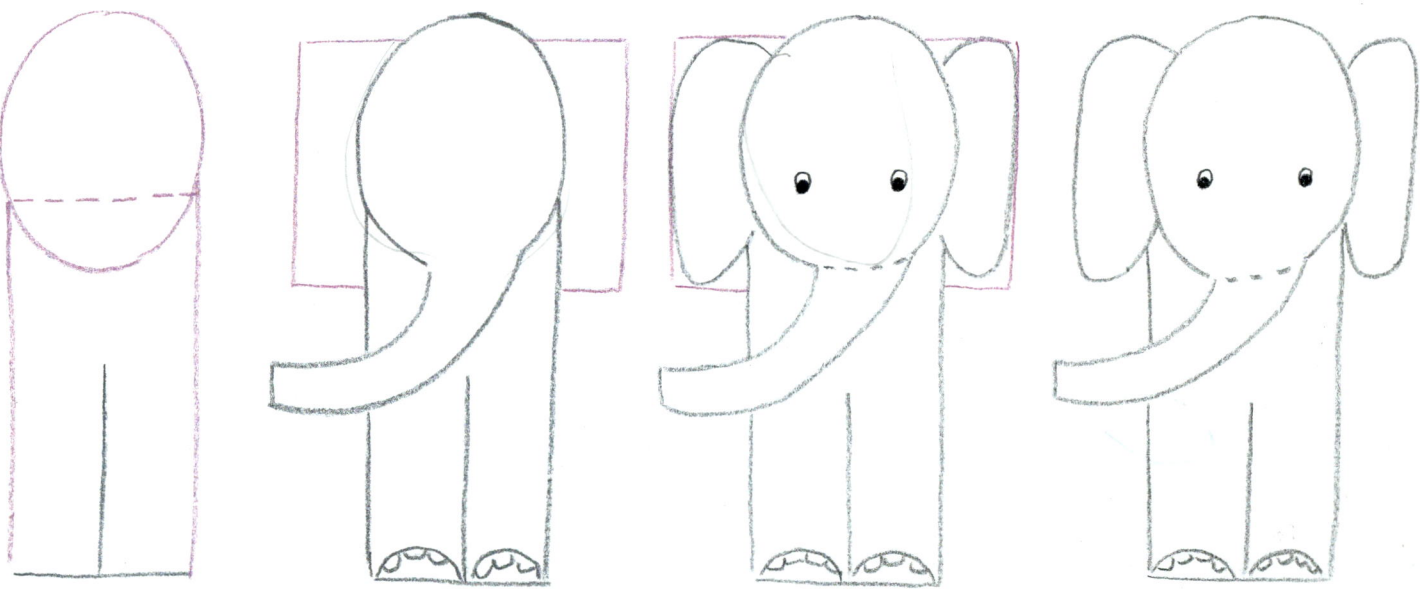

*Diesen Elefanten zeichnen wir noch einmal,
diesmal von der Seite.*

1 Die Grundform für den Kopf ist ein **Kreis**. Daran zeichnest Du ein dickes **Oval** für den Körper. Die Beine sind **Rechtecke**, die oben dicker sind als unten.

2 Der Rüssel vorn am Kopf entsteht aus zwei gebogenen Linien.

3 Jetzt zeichnest Du das Ohr. Weil Du den Elefanten von der Seite siehst, kannst Du nur ein Ohr sehen.

4 Nun fehlen nur noch der lange Stoßzahn, das Auge und der kleine Schwanz.

*Das war nicht zu schwierig, oder?
Hast Du Lust, den Elefanten mit Buntstiften
farbig zu zeichnen?*

*Wir bleiben noch ein bisschen bei den großen Tieren und zeichnen jetzt ein **Nilpferd**. Erkennst Du es wieder? Es ist das kleine Nilpferd vom Titelbild!*

1 Der Anfang ist genauso wie bei dem Elefanten: Ein **Kreis** und ein **Oval** werden aneinander gesetzt. An das große Oval zeichnest Du die Beine.

2 Die Ohren sind zwei kleine **Kreise**. Für die Schnauze zeichnest Du in den unteren Teil des Kopfes ein **Oval**.

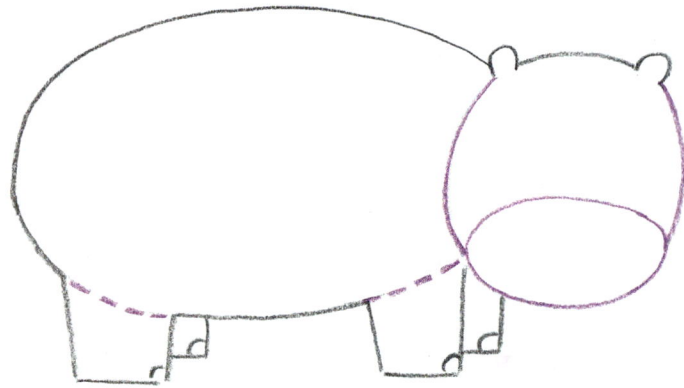

*Bunt anmalen kannst
Du es allein!*

3 Beim Gesicht ziehst Du wieder Hilfslinien durch den Kopf. Hast Du gesehen, dass ich jetzt den Kopf etwas schmaler gezeichnet habe?

4 So sieht das kleine Nilpferd aus, wenn es fertig gezeichnet ist. Nimm nun Buntstifte und schraffiere es, damit es aussieht wie ein richtiges Nilpferd.

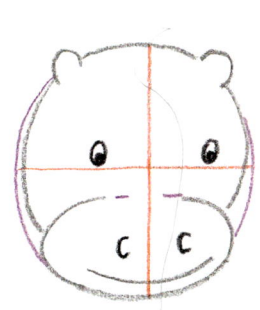

Auch diese Giraffe kennst Du vom Titelbild. Wenn Du Lust hast, zeichnen wir sie jetzt!

1 Die Grundform für den Kopf ist ein schräges **Oval**, die für den Hals ein langes **Rechteck**. Am Kopf ist das Rechteck ein bisschen dünner als unten. Für den Körper brauchst Du wieder ein **Oval**.

2 Nun entstehen die Beine aus je zwei geraden Linien. Die Giraffe steht seitlich zu uns, daher zeichnest Du zuerst das Vorder- und das Hinterbein, das Dir am nächsten ist.

3 Die beiden anderen Beine sind etwas verdeckt, sodass Du erkennen kannst, welche Beine sich auf Deiner Seite und welche sich auf der abgewandten Seite befinden.

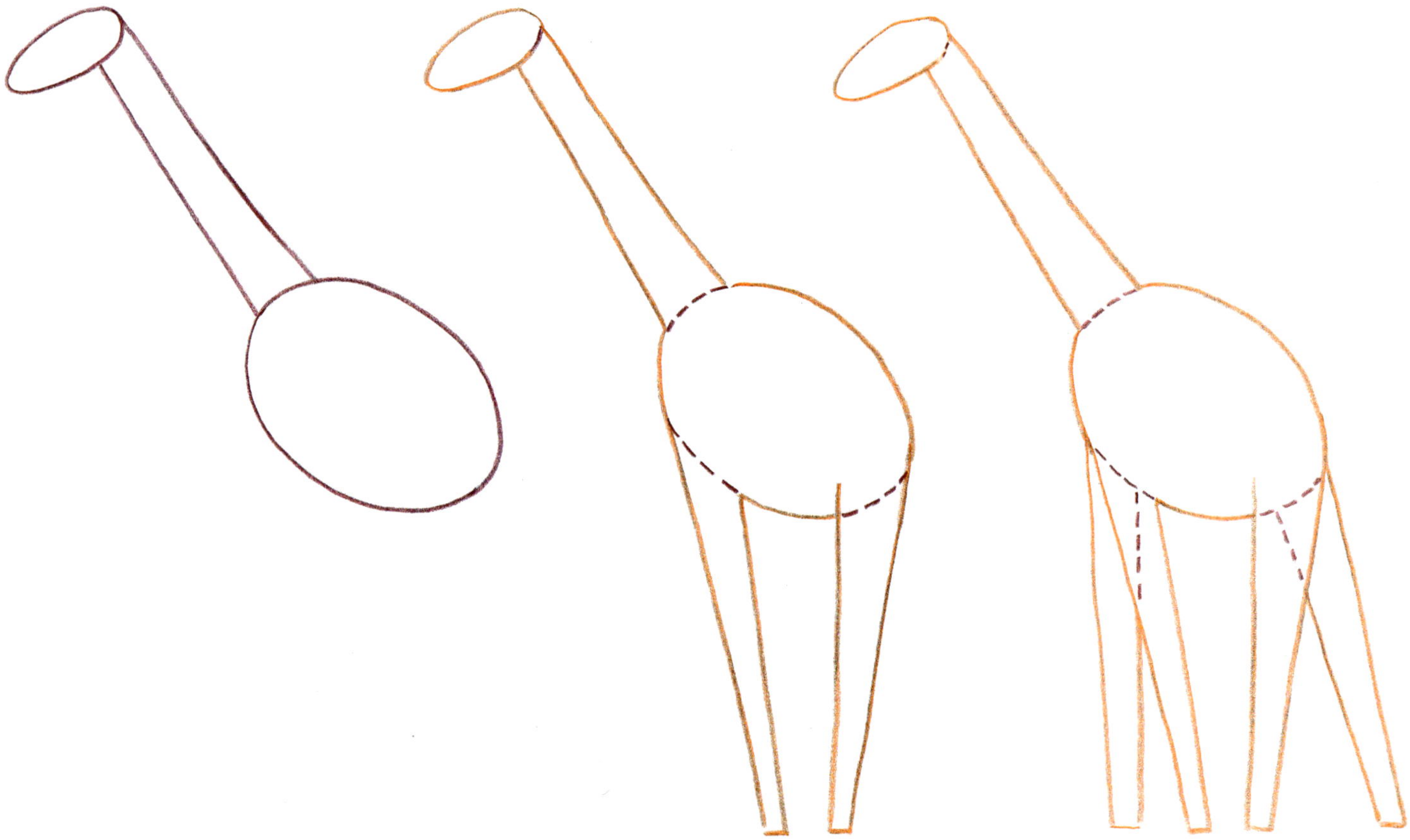

*Wenn Du willst, kannst
Du die Giraffe jetzt noch
farbig zeichnen.*

4 Jetzt zeichnest Du der Giraffe ein Gesicht, ein Ohr, ein kleines Horn und den Schwanz. Außerdem wird der Hals unten am Körper etwas dicker, damit er in den Körper übergeht.

5 Nun hat die Giraffe die typischen Giraffenflecken bekommen. Die Giraffenzeichnung ist fertig!

Du hast bis jetzt viele Tiere gezeichnet – aber ein Vogel war noch nicht dabei. Ich habe einen schönen, bunten Vogel für Dich ausgesucht. Wir zeichnen einen **Papagei***!*

1 Wir beginnen mit einem kleinen **Kreis** für den Kopf. Der Körper entsteht aus einem großen, schräg stehenden **Oval**.

2 Auch der Flügel ist ein **Oval**. An der gestrichelten Linie überschneidet er sich mit dem Körper. Der Schwanz ist ein abgeschrägtes **Rechteck**.

3 Kopf und Körper verbindest Du durch zwei Linien. Die Flügelfedern entstehen genauso wie die Schwanzfedern mithilfe einfacher Linien.

Hast Du schon einmal einen Papagei gesehen, der nicht bunt ist? Ich auch nicht. Also los! Nimm Deine Buntstifte und zeichne ihn bunt. Ein Papagei muss bunt sein!

4 Der Papagei sitzt auf einem Ast. Den zeichnest Du mit geraden Linien. Die Krallen sind kleine **Ovale**. Anschließend entsteht das Auge. Die Grundform dafür ist ein **Kreis** mit einem schwarzen Punkt. Zum Schluss zeichnest Du den gebogenen Schnabel.

5 Jetzt radierst Du noch die Hilfslinien weg – dann ist der Papagei fertig. Gefällt er Dir?

Zuhause – Häuser, Möbel und mehr

Häuser hast Du bestimmt schon oft gezeichnet. Aber bestimmt ging's Dir erst so wie mir: Immer war etwas schief oder hat nicht richtig gepasst. Deshalb probieren wir das jetzt mal mit den Grundformen.

1 Für ein Haus brauchen wir zwei Grundformen: ein **Rechteck** und ein **Dreieck**.

2 Das Dreieck wird als Dach auf das Rechteck gesetzt. Das Dreieck ist etwas breiter als das Rechteck.

3 Die Grundform für Tür, Fenster und Schornstein ist auch ein **Rechteck**. Jetzt ist es schon ein richtiges Haus.

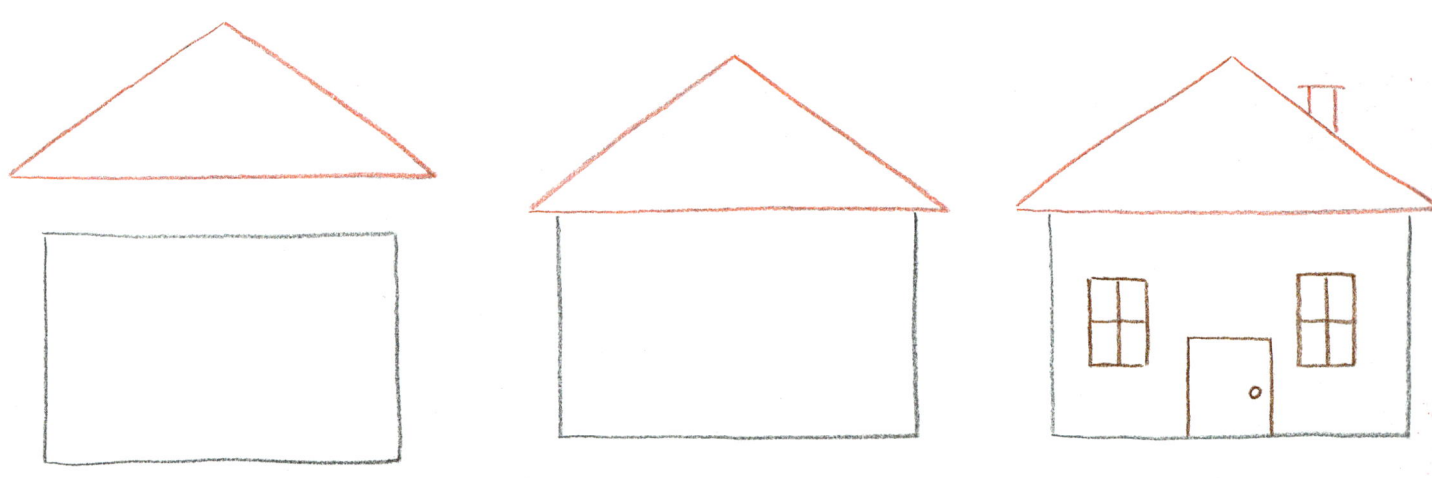

Es gibt noch viele Möglichkeiten, Fenster und Türen anzuordnen. Eine zeige ich Dir noch, aber Dir fallen bestimmt noch andere ein.

1 Du kannst auch ein größeres Haus mit mehr Fenstern zeichnen. Ich habe noch ein wenig weiter gezeichnet. Das Dach hat Dachpfannen aus kleinen Halbkreisen bekommen. Und in die Fenster habe ich Gardinen gehängt. Das sieht doch gleich viel schöner aus!

2 Sieh mal, es ist dasselbe Haus, aber die Fenster sind anders gezeichnet! Jetzt gibt es ein großes und zwei kleine Fenster. Probiere doch auch einmal andere Fenster und Türen aus, oder entwirf ein ganz neues Haus!

*Dieses Haus habe ich mit Buntstiften bunt gezeichnet. Achte dabei darauf, den Stift immer in **eine** Richtung zu führen und nicht kreuz und quer – auch wenn es zwischen den kleinen Fenstern eng wird.*

Jetzt sehen wir uns mal an, wie
so ein **Haus von innen** aussieht.
Bei der Gelegenheit kann ich Dir zeigen,
wie ein Bett, Schränke, Tische und Stühle
gezeichnet werden – aber auch Töpfe,
Tassen und Kannen.
Bist Du neugierig geworden?

1 Das ist das Haus!
Es hat vier Zimmer und
einen Dachboden.

2 Es gibt ein Kinderzimmer, ein Schlafzimmer
für die Eltern, eine Küche
und ein Esszimmer. In den
Zimmern sind natürlich
Möbel: Tische und Stühle,
Schränke, Regale und
Betten. Außerdem gibt es
Töpfe, Kannen, Becher –
und sogar einen Teddy-
bären!

34

Komm mit! Wir spazieren durch die Zimmer und sehen mal, was wir da so finden können und das zeichnen wir! Zuerst gehen wir ins **Schlafzimmer***!*

1 Ein **Bett** ist ganz einfach. An ein langes **Rechteck** zeichnest Du zwei senkrechte Linien, wobei die eine kürzer ist als die andere.

2 Und mit Bettwäsche kann jeder sehen, dass es ein Bett ist.

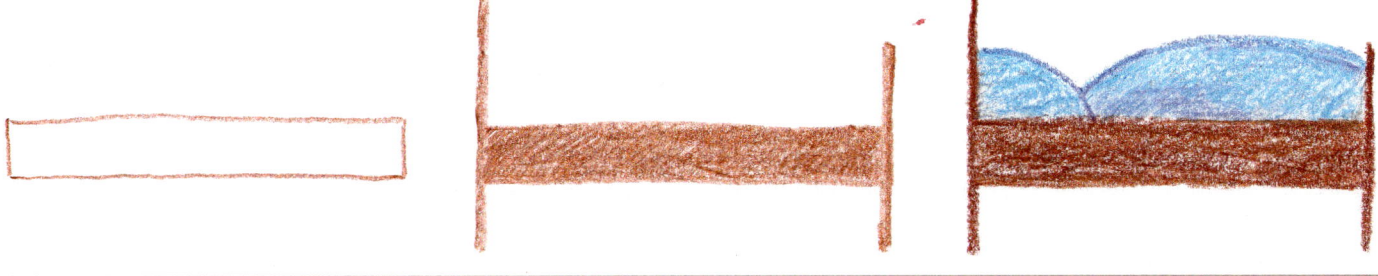

1 **Schränke** sind auch nicht schwierig. Die Grundform ist fast immer ein **Rechteck**.

2 Die Türen der Schränke sind auch **Rechtecke**. Zeichne noch einen Knopf in die Mitte – fertig!

3 Manche Schränke haben Schubladen – die werden so gezeichnet:

Das nächste Zimmer ist das **Esszimmer**
mit einem **Tisch** und zwei **Stühlen**.
Die **Lampe** über dem Tisch ist ein **Halbkreis**.
Neben dem Tisch steht ein Regal, auf dem
Bücher, Vasen und Becher stehen.

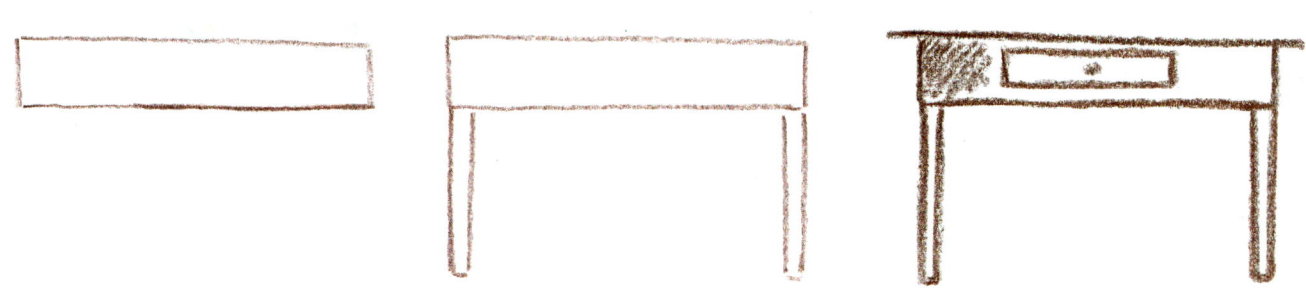

Für den Tisch brauchst Du wieder ein **Rechteck**, an das zwei schmale Rechtecke für die Beine gezeichnet werden.
Mein Tisch hat eine Schublade.

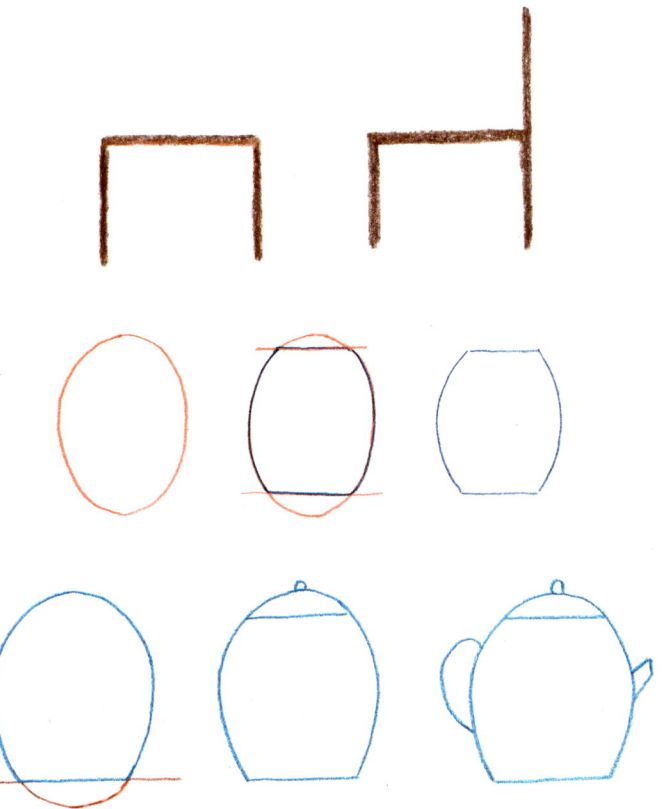

Einen Stuhl zu zeichnen, ist noch einfacher:
Ein paar Linien genügen!

Eine **Vase** kann man aus einem Oval zeichnen. Oben und unten schneidet man die Spitzen ab – und die Vase ist fertig.

Eine **Teekanne** wird fast genauso gezeichnet wie die Vase, nur dass ein Deckel darauf und auf die eine Seite der Henkel, an die andere Seite die Tülle gezeichnet wird.

*Die **Küche** wartet auf uns! Wie der Schrank und der Herd gezeichnet werden, weißt Du jetzt bestimmt schon. Deshalb kümmern wir uns um die Dinge, die auf dem Regal stehen: die Kanne, die Töpfe und den Becher.*

Wir fangen mit dem **Becher** an. Die Grundform ist ein **Rechteck**. Da er oben breiter ist als unten, müssen die Seitenlinien schräg gezeichnet werden. Setze einen Henkel an eine Seite, und der Becher ist fertig.

Ein **Topf** passt in ein **Quadrat** oder in ein **Rechteck**. Der Deckel ist ein halbes **Oval**. Alles andere wird so gezeichnet wie bei dem Becher.

Die Grundform für eine Kaffeekanne ist wieder ein **Rechteck**. Die Bilder zeigen Dir, wie sie gezeichnet werden muss.

Du kannst die Zimmer natürlich noch ein bisschen schöner einrichten. Wie wäre es mit Tapeten oder Blumen? Male ein Kinderzimmer mit Spielzeug. Ein Teddy sitzt ja schon auf dem Schrank.

37

Ich möchte Dir jetzt zeigen, dass es nicht nur Häuser gibt, in denen man wohnen kann. Ein **Leuchtturm** ist zwar dafür da, den Schiffen den richtigen Weg zu weisen, aber früher hat immer auch jemand im Leuchtturm gewohnt.

Mit roten Streifen ist Dein Leuchtturm sehr gut zu sehen.

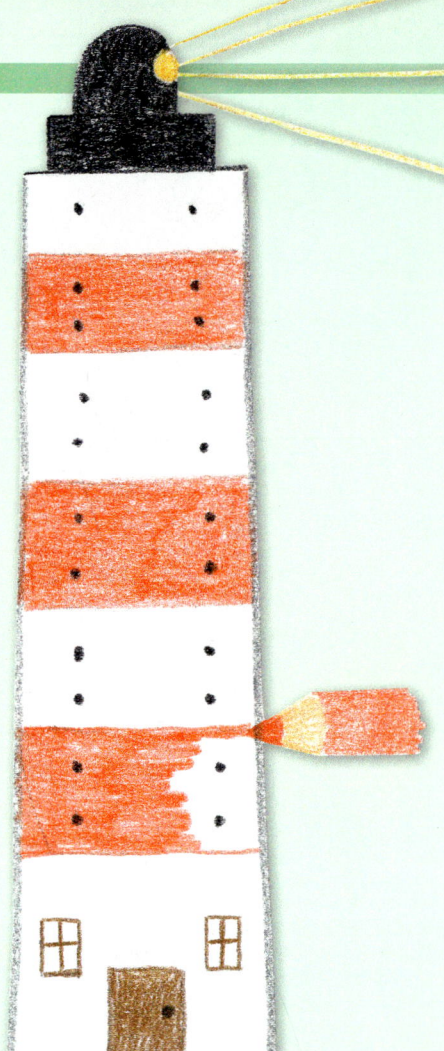

1 Wir brauchen zuerst ein langes, schmales **Rechteck**.

2 Unten muss es etwas breiter gezeichnet werden als oben. Auf dieses Rechteck setzt Du oben ein kleines, waagerechtes **Rechteck** und darauf ein halbes **Oval**.

3 Mit den waagerechten Strichen teilst Du den Leuchtturm in weiße und rote Felder auf. Ganz unten zeichnest Du eine Tür und zwei Fenster.

*Ich möchte Dir noch ein besonderes Haus zeigen: eine **Windmühle**. In einer Windmühle kann man wohnen, aber früher wurde dort auch das Getreide zu Mehl gemahlen.*

1 Die Grundform für das Dach ist ein **Halbkreis**. Darunter zeichnest Du ein **Rechteck**.

2 Wie bei dem Leuchtturm ist das Rechteck unten breiter als oben. Die gestrichelten Linien zeigen es.

3 Die Flügel entstehen aus zwei geraden, gekreuzten Linien. An die Enden kommen lange Rechtecke.

4 Nun werden nur noch die Fenster, die Tür und das Geländer im oberen Teil der Mühle gezeichnet.

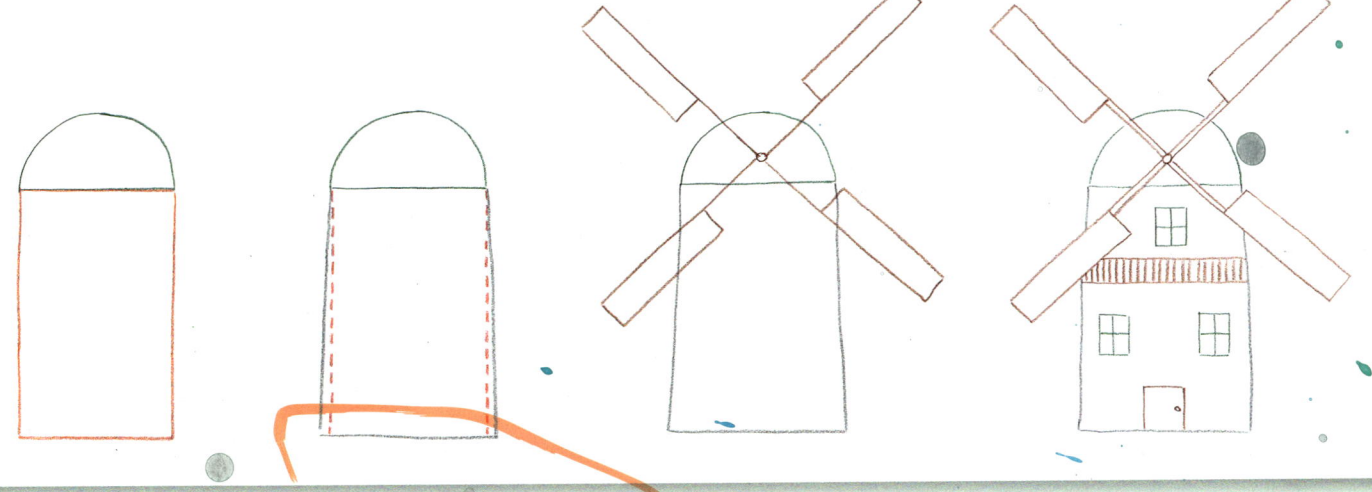

Junge und Mädchen

Wer wohnt eigentlich in dem Haus von Seite 34? Ich habe ein kleines Mädchen und einen kleinen Jungen getroffen. Sie könnten in so einem Haus wohnen. Zuerst zeichnen wir den kleinen Jungen. Du wirst sehen, das ist gar nicht so schwer. Die Grundformen werden Dir wieder beim Zeichnen helfen.

1 Die Grundform des Kopfes ist ein **Oval**. Daran zeichnest Du ein **Rechteck** für den Oberkörper. Lass ein bisschen Platz zwischen Kopf und Körper für den Hals.

2 Die kurze Hose ist auch ein **Rechteck**. In der unteren Mitte zeichnest Du einen Strich hinein. Er trennt die beiden Hosenbeine.

3 Die Grundform für die Beine ist wieder das **Rechteck**. Achte darauf, dass die Beine oben dicker sind als unten! Die Füße sind schräge **Ovale**, an denen oben ein Stückchen fehlt.

4 Zum Schluss setzt Du die Arme an den Oberkörper. Dann bekommt der Junge noch Kniestrümpfe. Für die Hände brauchst Du halbe **Ovale**.

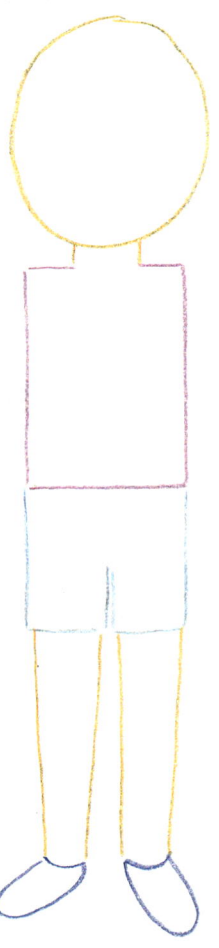

So sieht der kleine Junge aus, wenn er fertig gezeichnet ist. Nun nimm noch Deine Buntstifte zur Hand und zeichne ihn in Farbe. Vielleicht möchtest Du ihm auch ein anderes T-Shirt und eine andere Hose anziehen?

5 Nun zeichnen wir das Gesicht. Wie das geht, kennst Du schon von den Tieren. Dort haben wir eine Katze gezeichnet. Ihr Gesicht haben wir genau so eingeteilt. Dann bekommt der Junge noch Haare – und fertig sind Kopf und Gesicht!

Jetzt zeichnen wir das kleine **Mädchen**! *Nach dem Jungen wird Dir das nicht schwerfallen.*

1 Die Grundform für den Kopf ist ein **Kreis**. Das Mädchen trägt ein Kleid. Das zeichnest Du mithilfe eines **Dreiecks**, dem oben die Spitze fehlt.

2 Unter dem Kleid sind die Beine. Zeichne sie links und rechts von der Mitte des Dreiecks. Die Füße entstehen aus abgeschnittenen Ovalen.

3 Die Arme und Hände werden genauso gezeichnet wie bei dem kleinen Jungen. Achte auch hier darauf, dass sie gleich lang sind.

Jetzt bist Du wieder dran! Benutze Deine Buntstifte und gib dem kleinen Mädchen ein schönes Kleid. Es kann eine ganz andere Farbe haben, als die, die ich gewählt habe. Du kannst auch Muster ins Kleid zeichnen.

4 Die Zeichnung ist fast fertig. Es fehlt nur noch das Gesicht. Auch das geht genau wie bei dem Jungen. Die Haare mit den beiden Zöpfen und Schleifen zeichnest Du über die Stirn. Du kannst Dir aber auch eine eigene Frisur ausdenken. Vielleicht hat Dein Mädchen ja ein Pony?

43

Autos, Fluggeräte und mehr

So, jetzt kannst Du schon ganz viele Dinge zeichnen,
die Dir in Deinem täglichen Leben begegnen.
Wie man ein Auto zeichnet, zeige ich Dir gleich.
Jetzt ist aber erst mal unsere Fantasie gefragt:
Wir zeichnen eine **Rakete**!
Eine Rakete kann man zeichnen wie einen Bleistift
oder einen Buntstift. Weißt Du noch, wie das geht?

1 An ein langes **Rechteck** zeichnest Du ein **Dreieck**. Achte darauf, dass die Spitze des Dreiecks ziemlich genau über der Mitte des Rechtecks liegt. Die rote gestrichelte Linie kann Dir dabei helfen.

2 Unter diesen „Bleistift" setzt Du ein querliegendes **Rechteck**. Das wird der Unterbau der Rakete.

3 An die Enden des Rechtecks zeichnest Du anschließend zwei kleine Dreiecke. Nun fehlen nur noch die Antriebsdüsen.

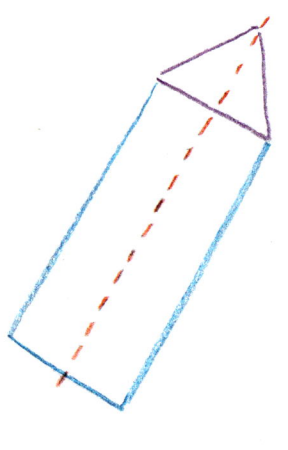

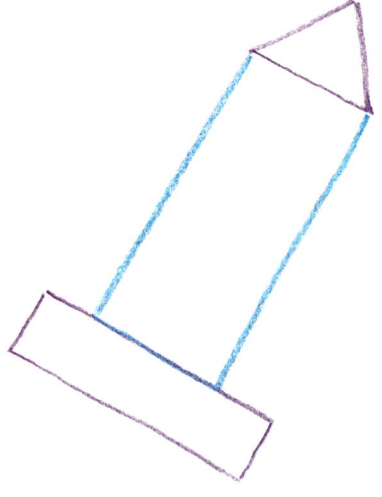

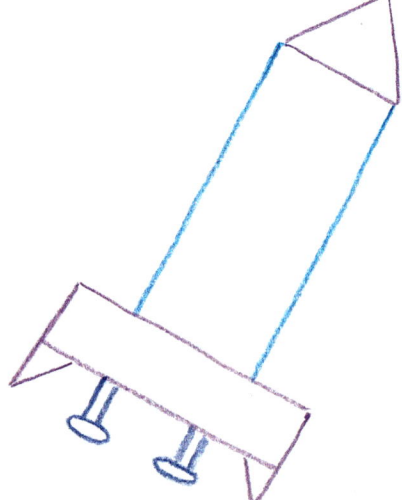

Damit die Rakete auch fliegt, zeichnest Du mit Deinen Buntstiften einen rotgelben Feuerschweif.

4 Mit dieser Rakete zeichnen wir jetzt ein schönes Bild. Wir schießen sie ins All! Dafür brauchen wir einen Mond und zwei Sterne. Die Sterne setzen sich zusammen aus zwei Dreiecken, die übereinander gezeichnet werden.

Eine **fliegende Untertasse**
zeichnet man mit einem Oval.
Darüber setzt Du einen Halbkreis.

1 Zeichne zuerst ein flaches **Oval**. Darauf kommt ein **Halbkreis** für das Cockpit.

2 Das Fenster ist auch ein **Halbkreis**. Kleine **Kreise** um die Untertasse herum bilden die Beleuchtung.

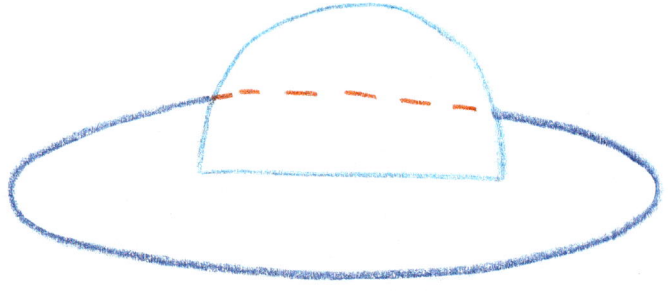

Jetzt kannst Du Dir aussuchen, ob Du eine fliegende Untertasse zeichnest, oder eine, die gerade gelandet ist.

3 Und so zeichnet man eine fliegende Unter-tasse, nachdem sie gelandet ist: Die ersten beiden Schritte siehst Du links. Aus dem Halbkreis zeich-nest Du dann ein **Oval**.

4 Radiere die roten Hilfslinien weg und setze drei Beine unter das Oval.

Jetzt zeichnen wir einen **Roboter**.
Du wirst sehen, das ist gar nicht
schwierig.

*Mein Roboter ist grün.
Und Deiner? Wie wäre es
mit Blau und Schwarz?*

1 Der Kopf besteht aus einem **Quadrat** – der Körper aus einem **Rechteck**. Verbunden werden beide Teile durch ein kleines **Rechteck** – das ist der Hals.

2 Arme und Beine sind lange **Rechtecke**. Kleine Rechtecke verbinden sie mit dem Körper. Für die Hände nimmst Du **Quadrate**, für die Füße Trapeze (oben schmaler als unten).

3 Nun wird noch das Gesicht des Roboters gezeichnet. Sieh nach, wie wir das beim Jungen und beim Mädchen gemacht haben. Hier ist es so ähnlich, nur eben eckig!

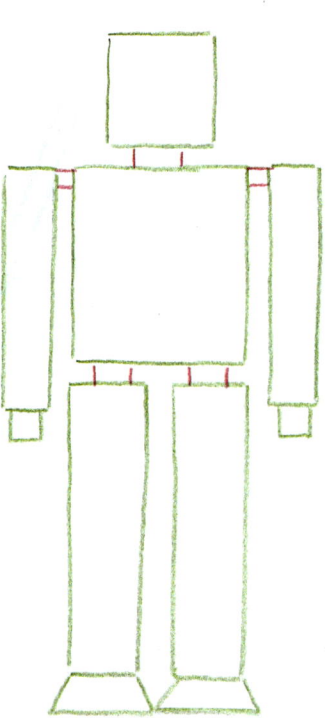

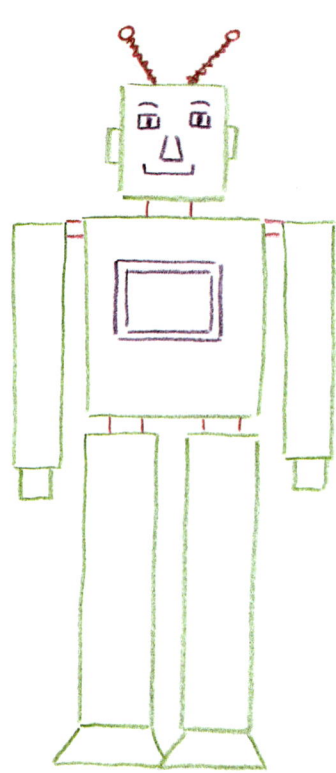

Jetzt zeige ich Dir, wie ein **Polizeiwagen** gezeichnet wird.
Hier ist es ein Polizeibus, der die Polizisten zum Einsatz bringt.

1 Ein Bus passt in ein großes **Rechteck**. Für die Reifen brauchst Du zwei **Quadrate**. Sie helfen Dir dabei, die Räder gleich groß und rund zu zeichnen.

2 Ziehe in die linke obere Ecke eine schräg verlaufende Linie. Nun kann man die Form des Busses gut erkennen. Die Reifen werden in die kleinen Quadrate gezeichnet.

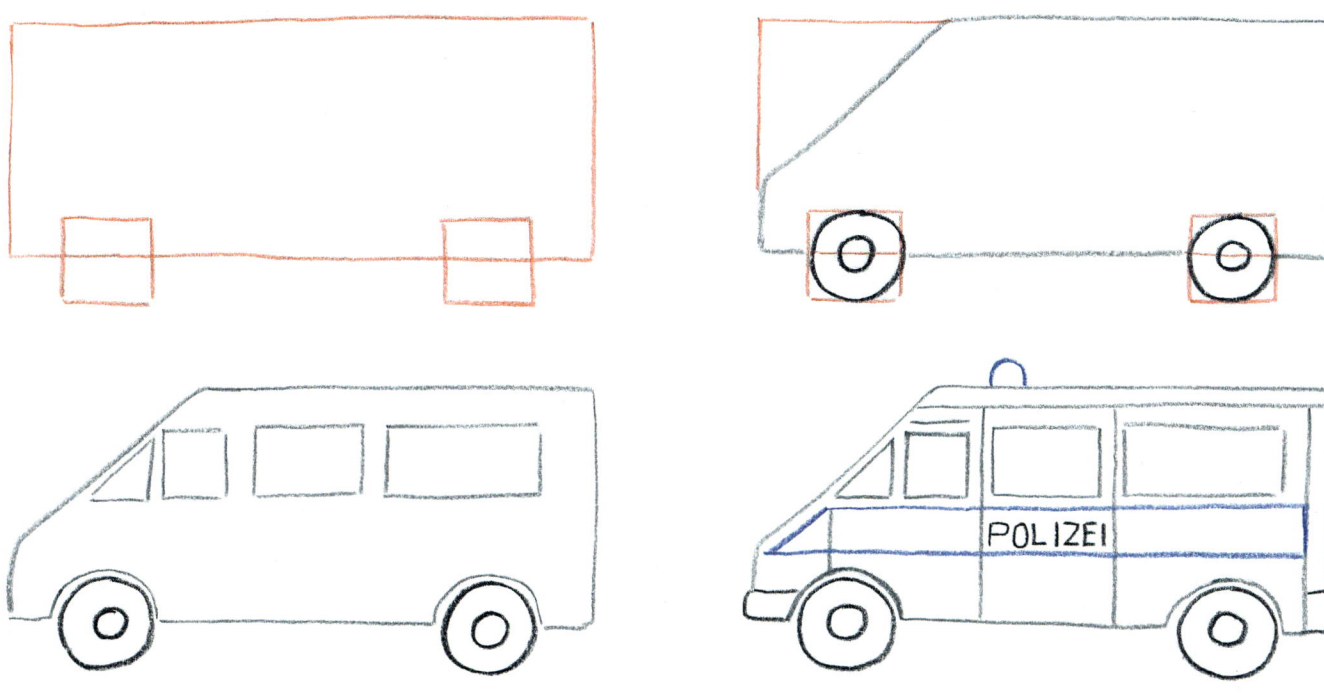

3 Nun zeichnest Du Rechtecke und Quadrate für die Fenster ein. Das vordere Seitenfenster ist ein Dreieck.

4 Jetzt fehlen nur noch die Türen und der blaue Streifen mit dem Schriftzug „Polizei".

Zum Schluss benutzt Du wieder Deine Buntstifte, um dem Polizeiwagen die richtige Farbe zu geben.

49

Sonnenblume & Co. – Blumen

Blumen sind sooo schön! Sie machen den Garten bunt und duften wunderbar. Und ein selbst gezeichnetes Blumenbild ist ein ganz wundervolles Geschenk.

Blumen müssen bunt sein!

1 Unsere Grundform ist der **Kreis**. Jede Blüte hat in der Mitte einen kleinen Kreis. Darum herum zeichnest Du einen größeren Kreis. Er hilft Dir, die Blütenblätter ungefähr gleich lang zu zeichnen.

2 Radiere den äußeren Kreis, Deine Hilfslinie, weg – und fertig ist Deine erste Blumenzeichnung.

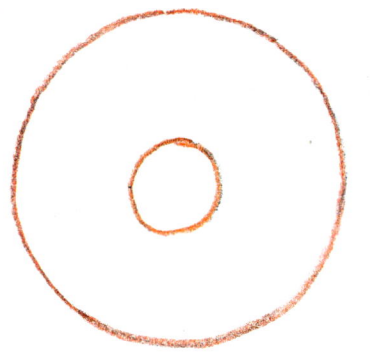

Diese Blume wird genauso gezeichnet wie die blaue Blume, aber die Blütenblätter haben eine andere Form. Geh' mal in den Garten und schau, was für Formen Du noch finden kannst. Es gibt auch Blumen mit mehr als fünf Blütenblättern.

Auf diese Art kannst Du ganz viele Blumen zeichnen. Du brauchst nur die Blütenblätter zu verändern. Bis jetzt waren es Fantasieblumen. Nun zeige ich Dir einige Blumen, die es wirklich gibt. Wir beginnen mit einer Margerite.

1 Um einen kleinen **Kreis** zeichnest Du wieder einen größeren Kreis als Hilfslinie. Die Blütenblätter sind lange, schmale **Ovale**, an denen zur Mitte hin ein Stückchen fehlt.

2 Das ist die fertige Blume, wenn Du den äußeren Kreis wegradiert hast. Zeichne nun noch einen langen Stiel mit zwei grünen Blättern. Die Blütenblätter bleiben weiß.

Damit es eine richtige Margerite wird, musst Du noch den kleinen Kreis gelb und die Blätter grün malen!

Auch eine **Sonnenblume**
zeichnet man mithilfe von zwei
Kreisen.

Aber damit man erkennen kann,
dass es wirklich eine Sonnenblume ist,
musst Du sie mit Deinen Buntstiften
farbig zeichnen. Wie immer bei einer
Sonnenblume wird der innere Kreis
braun und die Blütenblätter gelb.

1 Wie bei der Margerite oder auch einem Gänseblümchen sind bei der Sonnenblume die Blütenblätter lang und schmal. Oben sind sie jedoch spitz, nicht rund.

2 Bei den grünen Blättern holen wir uns Hilfe bei den Grundformen. Sie passen in ein **Dreieck**.

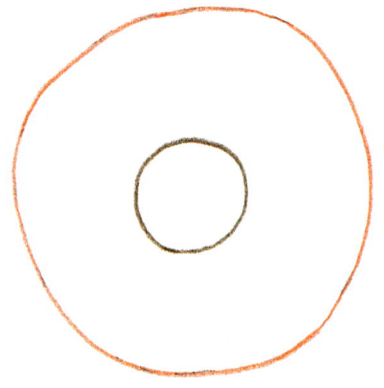

Bisher habe ich Dir Blumen gezeigt, die mit dem **Kreis** als Grundform gezeichnet werden. Es gibt aber auch Blumen mit anderen Formen. Dazu gehört zum Beispiel die **Tulpe**, die im Frühling blüht.

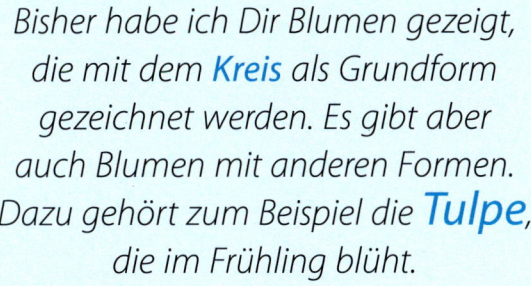

Tulpen haben unendlich viele Farben. Es gibt auch welche, die zwei oder auch drei Farben in ihren Blüten haben. Zeichne und male sie – und verschenke dann das Bild an Deine Mama.

1 Die Grundform für die Blüte ist ein **Oval**. Da hinein werden die Blütenblätter gezeichnet.

2 Das ist die Blüte, nachdem die überzähligen Linien wegradiert wurden.

3 Setze einen Stiel unter die Blüte. Für die langen grünen Blätter ziehst Du zunächst zwei lange gebogene Linien. Um diese Linien herum zeichnest Du anschließend die Blätter.

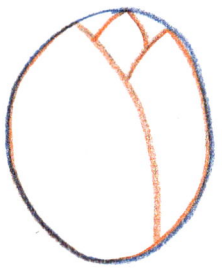

Findest Du sie auch so schön, die **Mohnblumen**, *die wie leuchtend rote Farbtupfer in den Kornfeldern stehen?*

1 Für die Blüte brauchen wir zunächst ein schräg gezeichnetes **Rechteck**. Eine Linie teilt das Rechteck in zwei Teile. In den unteren Teil des Rechtecks zeichnest Du das große Blütenblatt. Das zweite Blütenblatt setzt Du darüber. Von ihm erkennt man nur einen kleinen Teil, weil es von dem anderen Blütenblatt fast vollständig verdeckt wird.

2 Diese Mohnblume hat eine Knospe. Sie sieht aus wie ein **Oval**. Für das grüne Blatt brauchst Du zunächst nur eine Linie.

3 Um diese Linie herum zeichnest Du eine gewellte Linie – und das Blatt ist fertig!

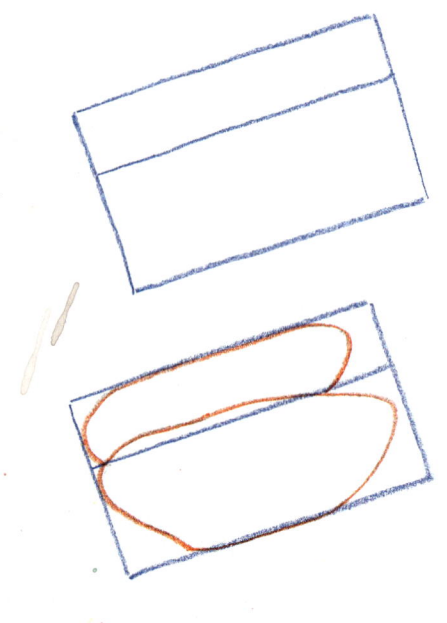

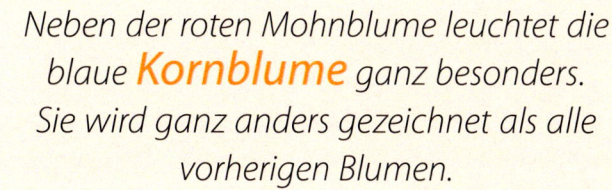

Neben der roten Mohnblume leuchtet die blaue **Kornblume** ganz besonders. Sie wird ganz anders gezeichnet als alle vorherigen Blumen.

Kornblumen gibt es nur in einer Farbe. Sie sind blau.

1 Auf einen Halbkreis zeichnest Du ein **Oval**. In dem Oval entstehen die Blütenblätter.

2 Du siehst sie nicht einzeln – es sind zu viele – Du erkennst nur einen gezackten Rand.

3 Die grünen Blätter einer Kornblume sind lang und schmal. So sieht die Zeichnung aus, nachdem alle Hilfslinien wegradiert wurden.

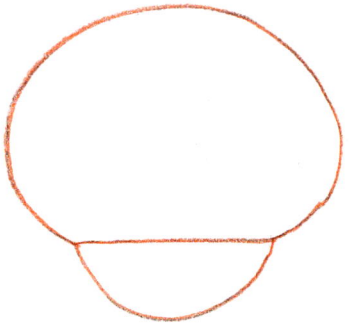

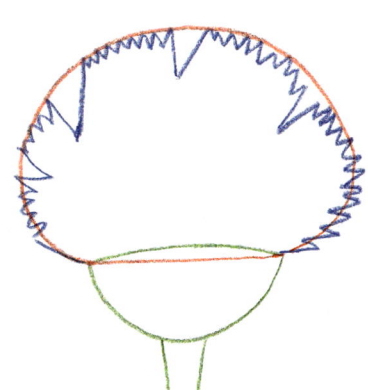

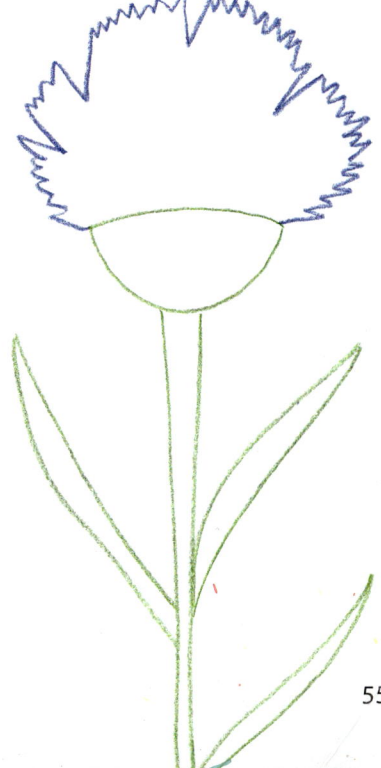

Ich finde **Rosen** *so schön! Es sind meine Lieblingsblumen!*
Und sie sind gar nicht so schwierig, wenn man weiß, wie sie gezeichnet werden.
Pass auf, ich zeig es Dir!
Obwohl ihre Blüte in einen **Kreis** *passt, fangen wir dieses mal ganz anders an:*

1 Setze den Buntstift in der Mitte der Blüte an, dort, wo die Blütenblätter ganz klein und dicht sind. Wie eine Spirale zeichnest Du jetzt kreisförmige Linien, wobei sich der Abstand zwischen den Linien immer weiter vergrößert.

2 Damit aus diesen Linien einzelne Blätter werden, brauchst Du kleine gebogene Linien, die in unregelmäßigen Abständen eingezeichnet werden.

3 Nun schraffierst Du die Rose in einem hellen Rot. Es ist etwas heller als das Rot der Umrandung, damit man die Blütenblätter gut erkennen kann.

Jetzt weißt Du, wie eine Rosenblüte gezeichnet wird.
Nun können wir auch einen **Rosenzweig** *zeichnen.*
An einem Zweig gibt es mehrere Blüten, Knospen und
auch grüne Blätter.

Die grünen Blätter sehen aus wie kleine **Ovale**.
In zwei Schritten zeige ich Dir, wie sie gezeichnet werden.

Rosen gibt es in unendlich vielen Farben.
Nimm Deine Lieblingsfarbe und schraffiere
die Rosenblüten farbig.

Du hast auf den letzten Seiten so viel darüber gelernt, wie Blumen gezeichnet werden. Was hältst Du davon, wenn wir jetzt einen **Blumenstrauß** in einer Vase zeichnen?

Die Blumen kennst Du, und die Vase habe ich Dir auf Seite 36 schon einmal gezeigt. Hier ist sie noch einmal! Von einem **Oval** schneidest Du oben und unten die Spitze ab – und schon ist die Vase fertig.

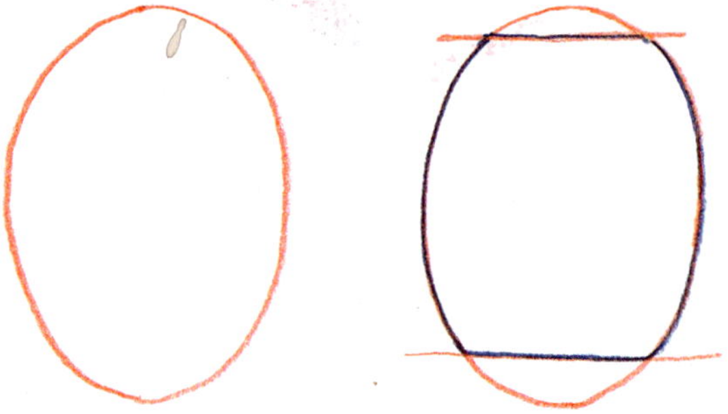

1 Zeichne diese Vase ziemlich weit unten auf Dein Zeichenblatt, damit Du nach oben Platz hast für die Blumen.

2 Kannst Du anhand der Grundformen erraten, welche Blumen ich in die Vase gestellt habe?

3 Jetzt sind Deine Blumen fertig, und Du kannst die Hilfslinien wegradieren. Sind sie nicht schön?!

Jetzt bist Du dran!
Male die Vase und die Blumen noch bunt. Wenn Du willst,
kannst Du die Blumenvase aber zum Beispiel auf einen
Tisch stellen und noch eine Tischdecke malen.
Aber auch so ist Dein Bild sehr schön geworden!

59

Bäume

Es gibt so viele unterschiedliche Bäume: Eichen und Buchen sind dick und groß, Birken und Pappeln sind schlank und hoch – und eine Tanne, die sieht ganz anders aus. Lass Dich überraschen. Unser erster Baum ist dick und groß. Es könnte eine **Eiche**, aber auch eine Buche sein.

1 Für den Stamm brauchen wir ein **Rechteck**, für das Laub einen **Kreis**.

2 Dort, wo der Stamm aus dem Boden wächst, muss das Rechteck breiter gezeichnet werden.

3 Zeichne das Laub mit einer gewellten Linie. Sie kann ruhig etwas unregelmäßig sein.

4 So sieht der Baum aus, nachdem alle Hilfslinien wegradiert wurden.

Dieser Baum kann auch so gezeichnet werden, dass man einige der Äste sieht.

Male diesen Baum mit Deinen Buntstiften an!

1 Du beginnst wieder mit einem **Rechteck** und einem **Kreis**. In den Kreis zeichnest Du anschließend die vier dicken Äste.

2 Die gewellte Linie für das Laub wird jetzt so gezeichnet, dass die Äste noch gut zu sehen sind.

3 Jetzt kannst Du die Hilfslinie wegradieren. Das ist der fertige Baum. Das war nicht schwierig, oder?

Eine **Tanne** wird ganz anders
gezeichnet als ein Laubbaum,
ein Baum mit Blättern also.

1 Die Tanne gehört zu den Nadelbäumen, und ihre Grundform ist meist ein **Dreieck**. Von dem Stamm sieht man nicht viel – nur ein kleines **Rechteck**.

2 Im zweiten Bild siehst Du, wie die Tannenzweige in das Dreieck gezeichnet werden. Das ist jetzt nicht mehr schwierig!

3 Radiere die Hilfslinien weg und zeichne die Tanne mit Deinen Buntstiften farbig – fertig!

Erinnerst Du Dich an den ersten Baum?
Aus diesem Baum machen wir jetzt ganz
einfach einen **Apfelbaum**!

Und so geht es auch!

Oder hättest Du lieber einen **Birnbaum**? So geht's:

So, da bin ich noch einmal

– aber jetzt zum letzten Mal, denn wir sind am Ende des Buches angekommen.

Ich hoffe, es hat Dir Spaß gemacht, mit mir zusammen zu zeichnen. Du hast viel gelernt und weißt jetzt, dass man sich alles, was man zeichnen möchte, erst einmal genau anschauen sollte. Dann siehst Du nämlich, welche Grundformen Dir dabei helfen könnten, die Formen zu erfassen.

Wenn Du immer daran denkst, bin ich mir sicher, dass Du noch viele andere Dinge zeichnen kannst. Wer den Polizeibus in unserem Buch nachzeichnen kann, der schafft schließlich auch ein Feuerwehrauto!

Aber Zeichnen macht nicht einfach nur Spaß – es ist auch sehr nützlich! Oder was hattest Du gedacht, wie Architekten ihre Häuser planen oder Mode-Designer ihre tollen Kleider entwerfen? Klar, die machen immer zuerst eine Zeichnung!

Jetzt wünsche ich Dir viel Freude beim Zeichnen und noch viele schöne Bilder!

Dein Paul

☎ Kreativ-Service

Sie haben Fragen zu den Büchern?
Frau Erika Noll ist für Sie da und beantwortet Ihnen Fragen zum Thema Malen und Zeichnen.
Rufen Sie an! Wir interessieren uns auch für Ihre eigenen Ideen und Anregungen.
Sie erreichen Frau Noll per E-Mail: **mail@kreativ-service.info** oder Tel.: **+49 (0) 5052/91 18 58**
Montag–Donnerstag: 9–17 Uhr / Freitag: 9–13 Uhr